둥근 발작

창비시선 267
둥근 발작

초판 1쇄 발행 / 2006년 9월 30일
초판 5쇄 발행 / 2022년 4월 25일

지은이 / 조말선
펴낸이 / 강일우
책임편집 / 박신규
펴낸곳 / (주)창비
등록 / 1986년 8월 5일 제85호
주소 / 10881 경기도 파주시 회동길 184
전화 / 031-955-3333
팩시밀리 / 영업 031-955-3399 편집 031-955-3400
홈페이지 / www.changbi.com
전자우편 / lit@changbi.com

ISBN 978-89-364-2267-7 03810

둥근 발작

조 말 선 시 집

창비

차 례

제1부

제2부

제3부

제4부

제1부

행렬

암탉 한 마리와 나 사이에 긴 행렬이 있다 나는 암탉을 키우지 않는다 암탉 한 마리와 나 사이에 순행하는 자연이 있다 암탉이 밀어낸 알들의 차례가 있다 어제의 달걀판은 오늘의 달걀판을 받든다 총상꽃차례의 꽃대에서 어제의 꽃송이가 오늘의 꽃송이를 받든다 보이지 않게 세계는 부패하고 있다 믿음을 잃지 않기 위하여 암탉 한 마리와 나 사이에 긴 행렬이 있다 마침내 내게 당도한 꽃다발이 안심하고 냄새를 피우고 있다

낭비

재스민이 향기를 낭비하고 있었다
구멍은 낭비벽이 심했다
재스민은 나날이 새 구멍이 생겼다
재스민은 나날이 향기를 낭비하고 있었다
〈재스민〉에서 향기가 피어올랐다
향기가 나를 친친 감아올랐다
구멍의 낭비벽은 너무 먹어치운다거나
너무 뱉어댄다는 것이다
모종컵이 낭비하는 모종들
꽃병이 낭비하는 질병들
음부들이 낭비하는 통정
구멍을 막으면 낭비벽이 사라진다!
지갑을 닫는 데는 딱 일초가 걸리고
음부를 닫는 데는 평생이 걸린다
〈재스민〉이 계속 향기를 낭비하고 있었다

비스듬히

사다리가 말한다
나무에 걸린 내 치마 좀 걷어줄래?

죽은 다리를 올라간다

내 머리통이 탐난다면 조심해,
나는 삐걱거리는 그를 달랜다

내 다리로 걷고 싶다면 조심해,
그는 후들거리는 나를 달랜다

내 머리통을 달고 그가 말한다
이 치마는 내 다리에 더 어울려

네 개의 다리로 올라간다
사다리의 팔이 되려고 올라간다
사다리의 얼굴이 되려고 올라간다

나의 공과 나의 사과와 나의 방패연을 따준다

그의 팔과 그의 얼굴과 그의 웃음을 없앤다

사다리를 내려오자
내 다리가 지워진다

그의 공과 그의 사과와 그의 방패연이
그의 손에 가득하다

막,

두 개의 가랑이 사이에서 펄럭인다 찢어지기도 전에 무효된 현수막 봄이 가지도 않고 철 지난 현수막 강풍을 견디고 봄이 왔는데 폭설을 견디고 봄이 왔는데 혹한을 견디고 봄이 왔는데 막, 시효를 지나간다 시간과 장소가 눈보다도 명백한데 시간과 장소가 밤보다도 멀어졌는데 혼인서약처럼 남아 있는 슬로건 매일 첫날밤 시트처럼 펄럭인다 매일 첫날밤을 맞이하듯 펄럭인다 백년째 신부인 할멈처럼 펄럭인다 백년째 신랑인 할아범처럼 펄럭인다 막, 백년이 지나간다 첫날밤도 없이 막, 혼례식이 끝난다 첫날밤도 없이 막, 첫날밤을 치른다 백년 동안 막, 수취인불명으로 되돌아온 청첩장

나는 나를 맛볼 수 없었다

달칵, 불 위에 압력솥을 올렸다 달칵, 잠금장치가 분량의 나를 잠갔다 달칵, 잠금장치가 여분의 나를 풀었다 나는 안이 되었다 나는 밖이 되었다 잠긴 나와 풀린 나는 조리되었다 잠긴 나는 한없이 긴장하였다 풀린 나는 한없이 이완하였다 압력솥이 나를 조리하였다 나는 나를 두 개의 선로처럼 압축해서 달렸다 나 이외의 모든 것은 풍경이었다 꽤액 기적이 울렸다 나는 나를 만나야만 이 경주에서 벗어날 수 있었다 나는 나를 맛나게 해야만 이 경주를 끝낼 수 있었다 압력솥이 들들 볶았다 경주가 극에 달했다 잠긴 나는 한없이 이완되었다 풀린 나는 한없이 긴장되었다 들들들 압력솥이 들볶았다 둘 중 하나는 무조건 밖에 있어! 나는 나를 만날 수 없었다 달칵, 압력솥을 열고 나는 나를 맛볼 수 없었다

망가진 침대

저것을 버려야 한다고 생각하자
저것은 침대처럼 무겁다
저것을 버려야 한다고 결정하자
저것은 망가진 침대
저것이 망가진 것뿐인데
나는 얼굴이 벌게지도록 침대를 옮기고 있다
저것을 버려야 한다고 생각할 때마다
내 몸 위로 침대가 버려진다
내 몸에 이렇게 방이 많았나
방마다 망가진 침대가 들어앉는다
이렇게 좁은 입구를 뚫고
어떻게 네가 들어온 거니?
나는 어쩌자고 침대를 낳을 생각을 한 거니?
좁아터진 방마다 침대가 만삭이다
일요일에 해치울까?
엘리베이터는 아직 수리중이야
신호등 앞에서만 의견이 일치하는 사람들은

줄곧 신호등을 기다리고 있다
폭신한 구름다리를 들고 서 있는 골짜기들처럼
나는 무거워진다

소파의 위치

소파는
일방적으로 한쪽 벽에 놓였다
대화를 멈추고
내가 소파에 앉았다
대화가 없어서 푹신푹신했다
싸움을 멈추고
그가 소파에 앉았다
싸움이 없어서 폭신폭신했다
눈웃음을 멈추고
그녀가 소파에 앉았다
눈웃음이 없어서 둥글둥글했다
나는 나팔꽃처럼 눈부신 쪽을 편애했다
그는 나팔꽃처럼 눈부신 쪽을 편애했다
그녀는 나팔꽃처럼 눈부신 쪽을 편애했다
그들의 눈과 코와 입과 손가락은
일방적으로 기울고 있었다
소파에서 떨어지지 않으려고

소파를 친친 감아올렸다
그들은
하나의 입을 피워내고 있었다
그들은
하나의 항문을 피워내고 있었다

수프

수프를 끓일 때 아버지와 엄마와 나는 항상 마주 앉거나 곁에 앉는다 빙글빙글 냄비를 저으니 아버지와 엄마와 내가 섞인다 빙글빙글 얼굴들이 섞인다 빙글빙글 얼굴들이 뭉개진다 아버지와 아버지와 아버지가 돈다 엄마와 엄마와 엄마가 돈다 나와 나와 내가 돈다 한 그릇 끈끈한 액체가 되기 위해 나는 돈다 나는 수차례 나도 모르게 아버지가 되는 것이다 나는 수차례 나도 모르게 엄마가 되는 것이다 혼숙과 혼음의 수프, 농도가 알맞은 수프는 상처내기 쉽다 아물기 쉽다 잘 끓여진 수프에서 물집들이 솟아오르고 가라앉는다 잘 뭉개진 아버지와 엄마와 나 태어나기 전으로 돌아간 아버지와 엄마와 나 태어나기 전부터 상처인 따뜻한 한 그릇 가족

내가 파버린 내 눈알이 열리는 오이디푸스나무

나는 거울을 안 보려고 눈알을 팠어요 한 해가 지나고 나는 거울을 안 보려는 마음이 열 배로 자라 나는 열 배나 거울을 안 보려고 눈알을 팠어요 내가 조장한 눈알들을 까마귀들이 조장해주었어요 나는 우물을 안 보려고 눈알을 팠어요 또 한 해가 지나고 나는 우물을 안 보려는 마음이 백 배나 자라 나는 백 배나 우물을 안 보려고 눈알을 팠어요 내가 빠뜨린 눈알들을 두레박이 다 건져올렸어요 나는 눈알을 파내고 파낸 눈알들의 자식들을 떠맡으려고 눈알을 팠어요 또 한 해가 지나고 나는 주렁주렁 연 눈알들의 눈총이 천 배로 자라 나는 천 배나 구멍이 뚫리려고 눈알을 팠어요 사과는 사과만 한 눈구멍을 후벼팠어요 포도는 포도만 한 눈구멍을 후벼팠어요 버찌는 버찌만 한 눈구멍을 후벼팠어요 사실 나는 나를 보려는 마음이 아득해서 눈알을 팠어요

프라이팬

저녁에
한사람씩 한사람씩 눕혔다
사람문양얼굴을 벗겼다

아침에
한송이씩 한송이씩 눕혔다
꽃문양얼굴을 벗겼다

자정에
이 생각 저 생각을 눕혔다
내 얼굴을 벗겼다

얼굴

식탁 위에 차려진 한 접시 목단 식탁 위에 차려진 한 접시 해바라기 식탁 위에 차려진 한 접시 양귀비 젓가락을 들고 암술과 수술을 골라 먹는다 숟가락을 들고 꿀단지에 고인 꿀을 파먹는다 접시들은 일제히 나를 향해 있다 접시들이 일제히 나를 따라 돈다 쑥, 이빨이 하나 뽑히는 목단 뭉턱, 눈썹이 한쪽 뜯기는 양귀비 반들반들 이를 악물고 나를 쳐다본다 야금야금 집요하게 나는 파먹는다 나는 뒷맛을 볼 때까지 젓가락을 놓지 않는다 접시들은 뒷모습을 보이지 않으려고 나를 쳐다본다 뒷모습을 보이기 싫으니 먼저 떠나세요 젓가락으로 제발 뒤집지 마세요 연속극처럼 뻔한 정황 뒤엎어본 기억에 대한 도리질 쏟아지는 핏물보다 엎질러진 국물이 더 누추한 것이다 뒤는 팽개쳐진 것이다 접시들이 빙글빙글 나를 따라 돈다 나는 태양처럼 식탁 위에 떠 있다

관계자들

관계자들이 왔다 흰옷과 마스크를 쓰고 관계자들이 왔다 관계자외 출입금지구역으로 관계자들이 왔다 관계자외 출입금지구역으로부터 관계자들이 왔다 나는 나의 기념일에 온 관계자들을 둘러보았다 나는 고개를 움직이지 못하도록 제지당했다 나는 나의 부모형제들을 찾아보았다 나는 눈알을 굴리지 못하도록 제지당했다 마스크가 관계자들의 표정이었다 흰옷이 관계자들의 성명이었다 모든 기념일은 관계자들의 날이었다 막다른 길 끝에는 늘 관계자외 출입금지구역이 있었다 나는 늘 금지구역까지 도달했다 경고문에 굴복했다 철조망에 무력했다 당신은 당신의 관계자가 아니오, 흰옷과 마스크가 말했다 당신은 당신의 출입금지구역이오, 흰옷과 마스크가 또 말했다 나는 억울하다고 말했다 나는 나의 기념일에 최초로 관계하고 싶다고 말했다 딱하다는 듯 흰옷과 마스크들이 흰옷과 마스크를 던져주었다 나는 흰옷과 마스크를 착용했다 나는 나의 관계자가 되자마자 사라져버렸다

병따개들

마개를 딸수록 고백이 성행한다 마개를 딸수록 창밖이 환해진다 마개를 따는 일은 적어도 침묵을 깨는 일 적어도 백년은 넘은 침묵 적어도 일주일은 버티는 침묵들이 즐겁게 폭발하는 일 마개를 따자마자 침묵은 침묵에서 벗어난다 마개를 따자마자 침묵은 침묵들과 오염된다 마개들이 점점 늘어난다 오염된 침묵들이 점점 늘어난다 늘어나는 식솔들 늘어나는 고아들 마개들 속에 병따개가 묻힌다 엎질러진 고백 속에 병따개가 갇힌다 누가 내 마개를 땄나? 병따개는 마개를 따자마자 마개를 던져버린다 병따개는 마개를 따자마자 마개를 못 본 체한다 마개를 딸수록 거짓말이 탄로난다 마개를 딸수록 창밖이 캄캄해진다 냉장고에 병따개들이 따개비처럼 붙어 있다 적어도 천년은 넘은 침묵을 기다리는 병따개들 적어도 침묵다운 침묵을 포기하지 않은 병따개들

마그리트

정원에는 정원을 그린 화가가 없다
정원은 정원을 그려나가는 방법뿐이다
정원은 까다롭다
정원을 그려들어간 화가는 정원에 있다
정원에 갇히기 싫은 화가는 정원을 그려나간다
정원은 단순하다
정원은 정원사가 그리는 게 낫다

번복하는 오이디푸스나무

번복의 계절이다 올해의 벚나무는 작년의 벚나무를 번복하고 올해의 밤나무는 작년의 밤나무를 번복하고 올해의 장미향기는 작년의 장미향기를 번복하고 수많은 아버지들은 수많은 아버지들을 번복하고 수많은 엄마들은 수많은 엄마들을 번복하고 수많은 나는 수많은 나를 번복하고 신발이라곤 달랑 지구 하나 신발이 비좁은 가로수가 멈추어 선 거리마다 표지판들은 표지판들을 번복하고 신호등들은 신호등들을 번복하고 신발이라곤 달랑 외짝 신발 한통속 갈아 신을 신발이 없고 달아날 두 다리가 없고 올해의 글라디올러스들은 작년의 글라디올러스들을 번복하고 올해의 번복의 성장률은 작년의 번복의 성장률을 번복하고

얼굴의 법칙

아침마다 얼굴을 씻는다
얼굴이 벗겨진다
저녁마다 얼굴을 씻는다
얼굴이 벗겨진다
수건이 점점 무거워진다
얼굴이 점점 무거워진다
사람들이 내 얼굴을 하나씩 가진다
내 얼굴을 들고 나를 찾아온다
당신은 당신이 아니군요,
사람들은 들고 온 얼굴을 내동댕이치고
내 얼굴을 벗겨간다
나는 얼굴을 씻는다
얼굴은 벗겨지고 벗겨진다
날마다 제 얼굴을 밟고 피는 나팔꽃처럼
나는 날마다 얼굴을 쌓는다

가을 속으로

k화가는 가을이라는 그림 속에 있다 가을이라는 그림 속에 있는 k화가는 얼굴이 보이지 않는다 커튼이 바닥난 k는 커튼 대신 갈참나무 이파리로 얼굴을 가렸다 k! 관람객들이 k를 부른다 엽기적인 k, 괴기스러운 k, 상상을 초월하는 k의 명성 때문에 그의 전시장은 매일 붐비지만 엽기적인 k, 괴기스러운 k, 상상을 초월하는 k는 보이지 않는다 관람객들은 k가 벼랑 끝에 도달했다고 애석해하며 돌아들 간다 k! 나뭇잎 잘 보고 가네 k! 나뭇잎 뒤에 있는 발이 자네 발이 맞긴 한 건가 k! 관람객들은 핀잔주듯 k를 외쳐보고 돌아들 간다 가을이 깊어간다 그림 속에서 갈참나무 이파리들이 물들고 있다 그림 속에서 갈참나무 이파리들이 뜯기고 있다 갈참나무 이파리에 붙은 k의 얼굴이 뜯기고 있다 k의 가지가 앙상하다

물고기

물고기를 낚았다
사람들이 물고기를 에워쌌다
사람들은 생선을 에워싸고 있었다
생선은 썩기 시작했다
코를 싸쥐고
가공할 인력이 필요했다
입을 다물고
가공할 만한 눈속임이 필요했다
사람들의 손놀림이 빨라졌다
비늘이 찬란한 생선은 커피로 분류되었다
오늘 저녁 구이용으로 장미가 분류되었다
한 마리 한 마리 세기 귀찮을 정도로 수가 많은 것들은
저장용 가족사진으로 분류되었다
물을 잃은 물고기들이
가족사진의 모델들이었다

제2부

케이크

상자를 열자 머리요리가 나온다 상자를 열자 칼이 나온다 생일날엔 머리요리가 최고지 머리만 보이면 완전한 생 머리만 보이면 완벽한 생의 시작 축복의 촛불은 꺼뜨리기 위해 켜진다 아버지가 칼을 들고 나를 재단하신다 조각조각 입맛대로 자르신다 어디를 잘라도 내 인생은 완벽한 생 어디를 잘라도 살점 한 켜 피즙 한 켜 살점 한 켜 피즙 한 켜 준비된 생 상자의 뚜껑을 자세히 보면 달랑달랑 매달려 있는 두 개의 폭죽 또는 폭탄 나는 어떤 식으로든 터진다

식목일

살을 파내고 심는다 피를 파내고 심는다 경제의 지속적 성장을 파내고 심는다 우후죽순을 파내고 심는다 잘라낸 발목 끝에 근질근질 실뿌리가 돋는 너를 삽목해야 한다 사라진 뒤에 더욱 무성한 너를 휘문이해야 한다 진입금지 표지판을 파내고 심는다 일방도로 표지판을 파내고 심는다 안절부절 너를 심고 기다려온 식목일 뼈를 파내고 심는다 족보를 파내고 심는다 함부로 파헤쳐진 거리마다 삽을 들고 심는다 이미 없는 너의 부재증명을 위해 심는다 아무 일도 아닌 듯이 심는다 눈치 채지 못하게 심는다 진입금지 표지판은 그 자리에 있다 일방도로 표지판은 그 자리에 있다 너는 또 한번 파헤쳐진다 살을 파내고 살을 덮는다 피를 파내고 피를 덮는다 뼈를 파내고 뼈를 덮는다 너를 파내고 너를 덮는다

등대

나선형 계단을 올라가고 있다 층계참이 없어서 빙글빙글 돌고 있다 나는 나를 깊숙이 파고들고 있다 창밖으로 바깥이 갇히고 있다 그것은 창이라고 하기보다는 환기구 같은 것이다 환기구 속에서 어둠이 파랗게 다그치고 있다 올라가, 올라가 어서 나는 빙글빙글 돌고 있다 내다보이는 방위는 어지러웠으므로 나는 나에게 집중하고 있다 내다보이는 명령은 답답했으므로 나는 나에게 집중하고 있다 내다보이는 위험은 사각이었으므로 나는 나에게 집중하고 있다 불안은 보이지 않았으므로 불안해 보인다 보다 내성적이기 위해 창은 작을수록 효과적이다 몰입하기 좋다 나는 나에게 몰입하고 있다 나는 알맞게 말을 더듬으며 내성적으로 변하고 있다 나는 빙글빙글 돌고 있다 그리고 끝내 헐떡거리며 끔뻑거리며 불안을 불안하게 발성하고 있다

벌써 몇백년째,

도마뱀을 사육하고 있다 도마뱀요리를 익히고 있다 준비물은 도마와 칼 나는 끼니때마다 도마와 칼을 들고 도마뱀요리를 즐기고 있다 도마 위로 뱀들이 올라온다 싱크대에서 비닐봉지에서 냉장고에서 잘라도 잘라도 자라는 뱀들이 올라온다 찔레덤불에서 다리 밑에서 보리밭에서 어디가 머리인지 모를 뱀들이 올라온다 나는 탁탁 뱀들을 자른다 나는 탁탁 도마를 자른다 언젠가는 아작아작 맛볼 머리통을 향해 나는 탁탁 뱀의 꼬리를 자른다 언젠가는 마칠 요리수업을 위해 아침에 자르고 저녁에 자른다 백년 전에 자르고 백년 후에 자른다 요리책에 삭제된 뱀머리 자르는 법 비법이 공개되지 않은 뱀머리 요리 나는 날마다 도마와 칼을 들고 도마뱀요리에 열중하고 있다 도마와 칼이 나를 사육하고 있다

거대한 원피스

팔을 집어넣고 가슴을 집어넣고 다리를 집어넣고 흉터를 집어넣고
나는 사라진다

종교를 집어넣고 체온을 집어넣고 혈액을 집어넣고 흉기를 집어넣고
나는 사라진다

꿈틀꿈틀이 남는다
울퉁불퉁이 남는다

눈알을 가져와서 원피스에 붙인다
눈을 뜬 원피스가 걸어다닌다

원피스는 날마다 불어나길 원한다
원피스는 날마다 바람맞길 원한다

나는 꿈틀거리는 곡선으로 사라진다

버릇을 집어넣고 습관을 집어넣고 불화를 집어넣으며
원피스는 불어난다

사람들이 두리번거리며 나를 찾는다
나는 두리번거리며 나를 찾는다

펄럭펄럭 원피스가 달려간다
두리번두리번 나를 찾아 달려간다

냉장고

냉장고를 열었어요 냄새가 지독했어요 입을 아, 벌린 냉장고 속에 오래된 가족들이 비좁았어요 먹어도 먹어도 줄어들지 않는 가족들이에요 구석에는 누군가의 썩어가는 팔목이 있었어요 누군가의 흰 허벅지도 봉지 속에서 짓무르고 있었어요 얼른 쓰레기통에 비웠어요 냉장고 속에 있는 것들은 버려지기 위해 썩어요 입만 커다란 아버지를 나에게 비웠어요 꼭 맞아요 배만 뚱뚱한 엄마를 나에게 비웠어요 꼭 맞아요 머리만 커다란 나를 나에게 비웠어요 꼭 맞아요 냉장고 속에 든 가족사는 저장용이에요 시간이 지나면 쓸데없이 자리만 차지하는 임시보관용이에요 냉장고를 열었어요 냄새가 지독했어요 아버지가 된 나를 나에게 비웠어요 꼭 맞아요 엄마가 된 나를 나에게 비웠어요 꼭 맞아요 내가 된 나를 나에게 비웠어요 꼭 맞아요

허공에 거미줄처럼 걸려 있는 집의 기호에 대해서

건축가가 되자 그녀는 우선 집에 갇힌 그녀부터 구하기로 했다 현관을 부수었다 문을 두드리던 손님들이 양떼처럼 쏟아졌다 창문을 깨버렸다 과묵한 가구들이 쨍그랑쨍그랑 재잘거렸다 지붕 위에서는 한장 한장 기왓장이 내던져졌다 아직도 그녀가 집에 갇혀 있잖아! 언제나 친절하던 벽이 그녀를 떠받쳐주었다 벽에 기대어 그녀는 곰곰 생각에 잠길 수 있었다 생각과 생각 사이에 벽이 가로놓여 있었다 단단한 벽으로 된 실내에서 생각이 꼼짝을 못하겠다고 아우성이었다 그녀는 생각을 허물까 벽을 허물까 망설이고 있었다 그녀는 지나치게 친절한 벽을 오래오래 업어주고 싶었다 창조적인 생각으로 팔딱거리는 그녀의 유방이 점점 크게 확장되고 있었다 생각이 흰 젖처럼 줄줄 새어나오고 있었다 벽으로 된 집을 허공에 걸었다 기호만 남은 벽이 허공으로 실내장식을 했다 드디어 그녀는 세상에서 가장 매혹적인 건축가였다

분산적인 시선을 보는 고정적인 시선

나는 초원을 본다
나는 고정적인 시선으로 초원을 본다
나는 분산적인 시선에 당황하며 초원을 본다
내가 초원의 시선에 당당할 때는
누군가가 몰아온 바람이 불 때이다
나는 초원을 올라가려 하나 계단이 보이지 않는다
나는 초원을 내려가려 하나 계단이 보이지 않는다

오래 초원과 사랑하는 것은 구름뿐이다

나는 초원을 본다
나는 고정적인 시선으로 초원을 본다
나는 분산적인 시선에 당황하며 초원을 본다
분산적인 시선에 당당한 것은
분산적인 시선뿐이다
분산적인 시선을 하나하나 헤아리며
비가 내릴 때뿐이다

나는 초원을 본다
내가 남긴 손자국을 해의 시선이 지운다
나는 초원을 본다
내가 남긴 눈자국을 그늘의 시선이 지운다

나는 고정적인 시선을 버리고 싶다
나는 분산적인 시선을 모으고 싶다
나는 높이 초원을 올라가고 싶다
나는 깊이 초원을 내려가고 싶다

초원에 아예 누워버리겠다
초원에 누우니 고정적인 시선이 보이지 않는다

이것은 침대가 아니다

스프링은 스프링을 간섭하지 않지요 옆사람은 옆사람을 간섭하지 않지요 낮잠은 밤잠을 간섭하지 않지요 생일은 기일을 간섭하지 않지요 영업사원은 새로운 전문가처럼 말하지요 견본용 침대의 단면은 망가진 사이보그 같지요 가로로 일곱번째 세로로 열번째 스프링을 갈아끼우면 우울한 칠월 십일의 불면을 치료하지요 어제는 오늘을 간섭하지 않지요 내일은 오늘을 간섭하지 않지요 보다시피 침대는 바닥에서 떠 있지요 한 권의 경전처럼 떠받들어야 하지요 잠의 경전이지요 분비물의 경전이지요 탄생의 경전이지요 죽음의 경전이지요 오늘의 경전은 어제의 경전을 간섭하지 않지요 오늘의 경전은 내일의 경전을 간섭하지 않지요 캥거루처럼 튀어오를수록 경전은 경전다워지지요 누구세요? 옆에 누운 나는 옆에 누운 나를 간섭하지 않지요

의자의 얼굴

백 개의 의자를 가진 나는 백 개의 나로 분열한다

나는 점점 옅어지고
나는 점점 희박해지고
나는 점점 증식하고

백 개의 의자를 빼앗긴 그는 한 개의 그로 응축한다

그는 점점 짙어지고
그는 점점 밀집하고
그는 점점 그가 되고

테니스

아버지를 기다려요 아버지를 거절해요 아버지를 놓칠까봐 아버지를 따라가요 아버지의 따귀를 찰싹 갈겼어요 아버지의 등짝을 힘껏 떠밀었어요 정말 즐겁게 버림받네요 뿌리박힌 회전의자를 뱅뱅 돌리는 아버지 전속력으로 즐거운 아버지 전속력으로 만족한 아버지 아버지가 만든 법 아버지가 깰 순 없잖아요 나는 아버지의 법 안에서 안간힘을 쓴다 아버지를 허락하는 것은 아버지를 어기는 것 아버지를 버리는 것은 아버지를 지키는 것 아버지를 기다려요 아버지를 거절해요 아버지의 등짝을 더욱 퍽퍽 후려칠까요 나는 아버지를 즐기는 아버지를 즐기는 중이에요 아버지를 껴안으며 돌려세우는 거절의 고성방가 아버지로 인해 누리는 폭력의 정당방위 나는 즐겁게 당한다 저쪽에서 뛰어온 내가 버린 아버지를 이쪽에서 뛰어간 내가 버린다 헉헉거리며 나는 당한다

화분의 상상력

기관들이 웃었다 아니 울었다 기관들이 침묵했다 아니 떠들썩했다 기관들이 뱉어냈다 아니 빨아댔다 장미화분의 장미는 장미화분의 내장이다 제라늄화분의 제라늄은 제라늄화분의 내장이다 강낭콩화분의 강낭콩은 강낭콩화분의 내장이다 드디어 솟구쳐오르거나 구불거리거나 맥박이 뛰는 화분들 웃기 위해 아니 울기 위해 화분은 내장이 필요했던 것이다 떠들기 위해 아니 침묵하기 위해 화분은 내장이 필요했던 것이다 뱉기 위해 아니 빨기 위해 화분은 내장이 필요했던 것이다 나는 아니 너는 텅 비었던 것이다 나는 아니 너는 좀 심심했던 것이다 나는 아니 너는 그런대로 속물이었던 것이다 기관들이 웃었다 아니 울었다 기관들이 침묵했다 아니 떠들썩했다 기관들이 뱉어냈다 아니 빨아댔다 너무 벅차거나 너무 뻔뻔하거나 너무 구불거리는 기관들 확 뒤엎어버릴 기관들

부엌 또는 예술가

나는 그를 손가락에 발가락에 머리에 끼고

상자를 폭탄으로 폭탄으로 꽃다발을

그는 이것을 저것으로 저것을 그것으로

완제품으로 부품을 부품으로 복제품을

나는 그를 눈구멍에 콧구멍에 귓구멍에 대고

과거를 오늘로 미래로 오늘을

실습한다

그는 나의 국자, 나의 집게, 나의 식칼

나는 고무장갑을 벗기듯이 들러붙는 그를 벗고

담배를 한 대 피우고

담배처럼 가볍게 그를 집어서

담배의 봉대를 푼다

오이디푸스나무를 위한 정원사

세상에서 제일 유능한 정원사를 고용했다 정원사가 측백나무의 한 각에 있는 그를 자르고 한 각에 있는 그녀를 자르고 한 각에 있는 나를 잘라서 둥근 우산을 만들었다 우산은 금방 삼각형이 되었다 정원사가 메타세쿼이아의 한 각에 있는 그를 자르고 한 각에 있는 그녀를 자르고 한 각에 있는 나를 잘라서 모자를 만들었다 모자는 금방 삼각형이 되었다 나는 나무의 생장점은 신발에 있다고 일러주었다 정원사는 사이프러스의 한 각에 있는 그를 자르고 한 각에 있는 그녀를 자르고 한 각에 있는 나를 잘라서 커다란 신발을 만들었다 신발은 금방 삼각형이 되었다 정원수들의 한 각에는 그가 있고 한 각에는 그녀가 있고 한 각에는 내가 있었다 세상에서 제일 유능한 정원사는 세상에서 제일 유능한 마법사가 되었다

달팽이

나는 음울한 아이였어요 예민한 편이었죠 통 집밖을 나다니지 않았어요 한밤중에 잠 깬 엄마가 깜짝 놀라 묻곤 했죠 너, 안 자고 뭐 하니? 나는 절대로 벽을 뜯어먹는다고 밝히지 않았어요 나는 열심히 공부한다는 말에 부끄러워했으니까요 비 오는 날에 낮잠에서 깬 엄마가 묻곤 했죠 너, 비 맞고 뭐 하니? 나는 절대로 지붕을 갉아먹는다고 밝히지 않았어요 나는 내게 뭔가를 기대하는 반응에 치를 떨었으니까요 이제 내가 집밖을 나설 때가 되긴 된 건가요 통 바깥출입을 하는 게 내키지 않아서 말이죠 길거리에서 아이스크림을 핥아먹느니 집을 먹어치우는 게 나았죠 세상을 이해하기 위해서는 집의 구조를 이해하는 게 빨랐죠 세상에서 가장 간편한 집을 짓는다는 게 쉬운 일은 아니거든요

자라는 오이디푸스나무

아가야, 햇빛이 보드랍구나 담뿍 받아라 아버지 팔 벌려 공중 높이 나를 들어올리네 아가야, 빗물이 달구나 꿀꺽꿀꺽 받아 마셔라 아버지 팔 벌려 공중 높이 나를 들어올리네 아가야, 번개날이 누구의 메시지인지 모르겠구나 해독 좀 해주겠니? 아버지 팔 벌려 공중 높이 나를 들어올리네 아가야, 엄동설한에 꽁꽁 얼어라 얼어서 추위를 잊어라 아버지 팔 벌려 공중 높이 나를 들어올리네 아가야, 보드라운 네 살결이 참 좋구나 쑥쑥 자라는 네 적의가 참 든든하구나 아버지 음탕한 신발에 발을 끼우고 어쩌겠니 어쩌겠니 팔 벌려 나를 자꾸 공중 높이 들어올리네

과일

사과는 사과나무의 신경증이다
포도는 포도나무의 신경증이다
은행은 은행나무의 신경증이다
「자화상」은 고흐의 신경증이다
「자위하는 자화상」은 에곤 실레의 신경증이다
마릴린 먼로는 앤디 워홀의 신경증이다

갈매기떼

갈매기들이 뛰어가는 사람의 점퍼 속에서 솟구친다 달리던 점퍼가 불룩해지고 달리던 점퍼가 확 젖혀지고 갈매기들이 똑딱단추처럼 급히 헤어진다 헤어지고 다시 만난다 헤어진 날개가 다시 만나고 헤어진 부리가 다시 만난다 나는 점퍼 속에서 나온 갈매기를 쫓는다 갈매기들은 도망친다 점퍼로부터 도망치고 도망으로부터 도망친다 나는 갈매기를 쫓는다 갈매기들은 농담이다 해수욕장이 하는 농담이다 점퍼가 하는 농담이다 갈매기들은 잡담이다 갈매기 속에서 갈매기는 보이지 않는다 갈매기들은 흩어진 구름이다 다시 뭉치는 구름이다 갈매기들이 뛰어가는 사람의 점퍼 속으로 사라진다

눈덩이

시작은 나였어
나를 묻히고 나는 굴러간다
나는 아니야, 라고 외치는
나를 묻히며 굴러간다
너도 그랬잖아, 라고 외치는
나만 묻히며 굴러간다
옷 갈아입을 시간을 줘, 라고 외치는
나를 묻히며 굴러간다
나는 나에게 묻힌다
내 무덤을 내가 만든다
나도 같이 가, 라고 외치는 너에게
힘껏 눈덩이를 던진다
나는 제대로 박살난다
나에 대해서 가속도만 붙는다
나는 밤새 눈덩이처럼 불어난다
나는 이튿날 눈 녹듯 사라진다

앞치마를 두르고

앞치마를 두르고 시를 쓴다 앞치마를 두르고 독서를 한다 전문가들은 앞치마를 두른다 앞치마를 두른 생선장수 앞치마를 두른 생닭장수 앞치마를 두른 화가 앞치마를 두른 엄마 앞치마를 두르면 피를 튀긴다 피 튀기게 열중이다 앞치마를 두르면 함부로 버젓이 칼을 휘두른다 앞치마를 두르고 하는 짓은 앞치마가 다 받아준다 피를 보고야 말 사람들은 앞치마를 두른다 살아 있는 것을 죽이고 죽어 있는 것을 또 죽이고 죽어서 살아가는 전문가의 작품들 전문가용 앞치마는 뒤가 트여 있다 전문가용 앞치마는 간혹 눈요기용 프릴이 있다 전문가용 앞치마는 팽개치기 간편하다 피가 잔뜩 묻은 앞치마 오물이 깊이 있게 얼룩진 앞치마 앞치마를 벗으면 시는 사라진다

오이디푸스나무의 꽃

그가 꽃 핀 나를 꺾어서 꽃병에 꽂는다 꽃병은 불치병이다 꽃병은 감상용이다 서서히 죽어가는 꽃을 아무도 손쓰지 않는다 꽃병에 꽂힌 꽃에게는 화대를 주지 않는다 꽃병에 걸린 꽃은 화대를 받을 수 없다 발가락이 허물어지며 나는 웃고 있다 사타구니가 문드러지며 나는 웃고 있다 나는 세상에서 가장 치명적인 병에 걸렸다

제3부

지퍼를 열자,

지퍼를 열자 유류품이 쏟아진다 지퍼를 열자 말똥말똥한 눈알들이 쏟아진다 지퍼를 열자 썩어가던 추억이 쏟아진다 지퍼를 열자 오래 신원에 기생한 기둥서방이 쏟아진다 지퍼를 열자 마지막으로 들이마신 허공을 내쉰다 지퍼를 열고 내용을 비우고 튀김용으로 할까요 조림용으로 할까요 지퍼가 열린 채 용도를 기다리는, 지퍼가 열린 채 계산을 치르는, 지퍼가 열린 채 드라이브를 하는, 지퍼가 열린 채 꽁꽁 묶인 채 지퍼가 열린 채 벨을 누르는, 지퍼가 열린 채 뒷물을 하는, 지퍼가 열린 채 쥐도 새도 모르게

이식

그날 아침, 무성한 아버지의 아를 떼어내 심었다 가랑이가 찢어진 겨드랑이가 찢겨진 그날 아침, 단호한 아버지의 버를 떼어내 심었다 심장이 쪼개진 간격이 벌어진 그날 아침, 새 아버지를 경작하였다 새 침대를 마련하였다 새 관습을 주입하였다 찢어진 아버지 벌어진 아버지 불구의 아버지가 태어나리라 불구의 아버지께 사식을 대접하리라 그날 아침, 아버지는 불구가 되었다 그날 아침, 아버지는 주저앉았다 야금야금 물을 주리라 간혹 식사시간을 잊으리라 회복이 빠른 아버지 낑낑대며 번식에 집착한 아버지 어느날 아침 침대마다 무성할 아버지 똑같은 관습을 발육할 아버지 아버지의 아버지는 아버지가 아니에요 뿌리 없는 아버지 내가 경작한 아버지

싹 튼 양파들

전화를 걸었다 아무도 받지 않았다 전화를 걸었다 통화중 신호음을 들었다 나는 한번 시도한 일은 멈출 줄 몰랐다 나는 한번 들어선 길은 돌아갈 줄 몰랐다 전화를 걸었다 뚜, 뚜, 뚜 듣지 못한 응답이 나에게로 돌아와 꽂혔다 차창 밖으로 발개진 꽃잎들의 통화가 소란스러워졌다 세상은 모두 통화중이었다 나는 나에게로 전화를 걸었다 수화기 안에 통화중 신호음이 가득 차올랐다 귓바퀴가 수백 다발의 코일을 빨아들였다 나는 나의 고백을 듣고 있었다 도대체 나는 어디 간 거야, 나는 나의 응답을 찾지 않았다 나는 고독해졌다 나는 팽창했다 귓속에서 입이 찢어졌다 백년은 늙은 내 입속에서 푸르른 말들이 나를 겨냥했다

안개들

안개 속 패키지 여행을 주문했다 일행들은 모두 안개 같은 표정이었다 같이 있으면 답답한 안개 속이었다 당신도 안개요? 누군가가 안개 속에서 물었다 주변이 점점 흐릿해졌다 나는 점점 고립되었다 나는 점점 선명해졌다 가이드는 보이지 않았다 나는 떠나기도 전에 안개 속에 갇혔다 안개들이 사랑스럽다는 듯 나를 감쌌다 나는 실패하는 느낌이었다 안개 같은 나날들 안개 같은 막막함 안개 속에서 나를 건져내기는 애초에 무리였다 집요한 안개들 얼굴을 가린 안개들 안개 속을 벗어나기 위해 길을 내달렸다 여행을 포기하기 위해 길을 내달렸다 집으로 달렸는데 안개였다 꽃밭으로 달렸는데 안개였다 비상구로 달렸는데 안개였다 길은 모조리 짙은 안개 속으로 뻗어 있었다 안개는 짙었고 나는 분명했다

당신의 창문

검푸른 당신의 창문 수심이 깊은 당신의 창문 물고기처럼 성별을 알 수 없는 그림자가 어른거리는 당신의 창문 당신이 없는 틈에 익사체처럼 떠오르는 당신의 여자가 쿨럭쿨럭 허공으로 검푸른 물을 게워내는 당신의 여자가 물고기들을 게워내고 수초들을 게워내고 당신을 게워내는 당신의 여자가 하품하듯 창문을 열고 이불처럼 무겁게 펄럭인다 당신이 빨래집게처럼 어둑어둑 서 있는 당신의 창문 수족관처럼 폐쇄적인 당신의 창문 노출을 꺼리는 당신의 창문 완전히 노출된 당신의 창문 형광등의 조도로 전략을 조절하는 당신의 창문 알려지지 않은 사생활이 퉁퉁 불어나는 당신의 창문 몇차례 익사체가 떠올랐다는 당신의 창문 한 사람이 많은 사람인 당신의 창문 많은 사람이 한 사람인 당신의 창문 흥미롭게 당신을 관람하는 당신의 창문

건물

밧줄이 내걸렸다
여섯 명의 남자들이 밧줄을 타고 내려왔다
허공으로 제작한 의자 양쪽에 페인트통이 하나씩 덜렁거렸다
밧줄 끝이 덜렁거렸다
나는 목을 빼고 내다보았다
남자들은 허공에 앉아 있었다
내 손이 닿지 않는 곳에 밧줄이 걸려 있었다
내 손이 닿지 않는 곳이 절벽이었다
절벽에서 반짝거리던 햇빛이 하얗게 칠해졌다
나는 벗은 등을 맡긴 것처럼 얌전해졌다
남자가 내 얼굴을 하얗게 칠하고 지나갔다

오이디푸스나무와 죽은 고양이

죽음은 미분화된 덩어리다
벚나무 아래에 버려져 있는 죽은 고양이를
벚나무는 섬세하게 분리할 줄 안다
참새를 놀래키던 발톱과
겨우 쓰레기봉투를 뒤질 때 사용하던 이빨들
진흙이 묻은 검은 털은 천천히
나무가 뒤집어쓰는 먼지가 될 것이다
오월쯤엔
어둠속에서 발광하던 안구들이
가지가지 열릴 것이다
무엇보다도
가장 섬세한 죽음의 앙금들을
나무는 신발 깊숙이 받아들인다
어린 발가락들이 쪽쪽
죽음의 시즙을 빨아먹는 소리가 들리는 것 같다
그리하여
나무의 한 각에 있는 그가 좀더 예민해지고

한 각에 있는 그녀가 좀더 예민해지고
한 각에 있는 내가 좀더 예민해진다

풀밭

너는 조밀해졌고
넓어졌다

너는
웃음과 눈물과 비웃음과 딸국질을 표현하는 방식이
동일했다

한 가지 속옷과 한 가지 겉옷으로 몇년을 버텼다

애인이 지겹지도 않대?

나는 진심으로 염려했다

너는 조밀해졌고
높아지지 않았다

너는

들뢰즈와 바슐라르와 아버지를 읽는 방식이
동일했다

한 가지 생각에 몇년을 사로잡혔다

너는 벨벳자켓을 너무 오래 입는다
너는 벨벳자켓의 매력에 너무 오래 빠져 있다

햇빛과 바람과 나의 애무가 너를 거들었다

무덤들

벗자마자 내가 콸콸 쏟아지던 모자 벗자마자 내가 싹 사라진 모자 벗자마자 새 모자를 구입하던 모자 벗자마자 내가 태어난 모자 벗자마자 내가 썩어나오던 모자 나는 쏟아질까봐 모자를 쓴다 나는 사라질까봐 모자를 쓴다 몸에 맞는 모자를 찾아 모자가게를 헤맨다 나는 다시 태어날까봐 모자를 쓴다 나는 내가 부패할까봐 모자를 쓴다 모자를 쓰고 있는 사진을 보면 벗기고 싶다 이십년 동안 썩지 않고 갇힌 나 이십년 동안 고루한 취향에 빠진 나 이십년 동안 한 가지 생각에 집중한 나 지긋지긋한 모자! 쓰자마자 내가 잠기는 모자 쓰자마자 내가 갇히는 모자 쓰자마자 똑같은 모자들이 우연히 일련번호가 다른 모자들이 쓰기 전에는 제각각인 모자들을 모자가게가 고루 뒤집어쓰고 있다

한 접시

한 접시 요리를 관통하는 맛 한 접시 요리를 더럽히는 소스 한 접시 요리 안에 어울리게 자리한 식구들 얼굴 위로 찌익 미소가 연고를 짠다 한 접시로 마감된 요리 자주 한 접시로 때우는 끼니 안방에는 소스에 더럽혀진 아버지 얼굴 부엌에는 소스에 더럽혀진 엄마 얼굴 마루에는 소스에 더럽혀진 내 얼굴 정체를 알 수 없는 소스가 문지방을 넘어 문턱을 넘어 접시 안에 가득 고인다 이 소스는 공통으로 늙은 상처의 고름? 이 소스는 공통으로 늙은 미래? 아버지와 엄마와 나는 늘 다른 소스를 주문하지만 같은 소스에 더럽혀진다 아버지를 지나서 엄마를 지나서 나에게로 소문을 앞세우는 검은 그림자 아버지를 지나서 엄마를 지나서 나에게로 냄새를 먼저 풍기는 붉은 혈액 친절한 이웃처럼 포크와 나이프가 폼나게 훼손하는 한 접시 이놈의 집구석 엎어버리면 그만이지 으름장이 난무하는 한 접시 깨지기 쉬운 한 접시

마비

나는 얼음의 집에서 태어났다 태어나자마자 흘러가는 나에게 함부로 흐르지 마!라고 경고하는 집이었다 흘러서 투명해지며 풍경을 담고 싶은 나에게 아무것도 담지 마!라고 경고하는 집이었다 멀어져서 어느 한적한 강가에서 낯선 두 손을 씻고 싶은 나에게 절대 씻지 마!라고 경고하는 집이었다 나는 쓸데없는 꿈이 많다고 걱정하는 집이었다 ……마!, ……마!, ……마! 하루종일 ……마!가 비처럼 쏟아지는 집이었다 나는 ……마!를 비처럼 맞고 지냈다 마!는 비처럼 나를 흠뻑 적셨다 주룩주룩 쏟아지는 마!비 폭우처럼 쏟아붓는 마!비 때로 밤을 새우며 중얼거리는 마!비 종일 귓바퀴에서 맴도는 마!비에 나는 마비되었다 나는 얼음이 되었다 나는 드디어 내 속에 갇힌 걸 축복해주는 집이었다 나는 드디어 나말고는 아무것도 비추지 않게 된 걸 행운이라고 여겨주는 집이었다 나는 드디어 내가 흘러가는 집을 가두고 있는 사실에 모두 얼음이 돼버린 집이었다 나는 마비된 채로 내가 녹는 꿈만 꾸게 된 집이었다 나는 드디어 얼음의 집의 꿈과 내 꿈이 일치한다는 사실에 경악하였다

한 다발 장대비

한 다발의 장대비가 배달되었다 밑동이 바싹 잘린 장대비 머리에 구름을 매단 장대비 구름은 활짝 피어 있었다 포장을 하지 않은 장대비는 노란 리본에 질끈 묶여 있었다 나는 그의 마음을 알 수 없었다 그는 용의주도하게 꼬리를 잘라버렸다 뿌리째 보낸 비에 내가 다 젖을까봐? 그는 한번도 비를 맞아본 적이 없는 사람처럼 군다 비는 바깥에 두는 것이 좋아, 그는 활짝 핀 구름만 보고 버리라 한다 비는 오래 맞을 것이 못 된다고 한다 나는 한 다발의 장대비를 궁리했다 꽃병에 꽂아도 보았다가 거꾸로 매달기도 했다 구름은 점점 허물어졌다 구름은 점점 병색을 띠었다 한번 잘린 구름은 뜬구름이 되었다 한번 잘린 장대비는 쏟아지고 없었다 나는 노란 리본에 질끈 묶여 있었다

뱀

이 언어는 사족을 잘랐다
이 언어는 사족을 못 썼다
이 언어는 몸통이다
사족이 없는 언어가 바닥에서
사족을 못 쓰며 꿈틀댔다
몸으로 말을 했다
몸으로 글을 썼다
몸으로 그림을 그렸다
동시에 웃고 떠들고 마시지 못했다
동시에 노래하고 춤추지 못했다
일방통행이었다
한 손으로 악수하고 다른 손에 칼을 쥐지 못했다
시작부터 마지막까지 표지판처럼 문양이 새겨졌으므로
시작부터 마지막까지 능욕이 훑고 지나갔다
보는 관점에 따라
시작부터 마지막까지 욕망이 훑고 지나갔다
그때도 사족을 못 썼다

비유가 아니라 상징이었다
사족이 없으므로 손쉽게 가져다 썼다
뱀 같은 년, 사악한 년, 뱀처럼 차가운 년
고스란히 내 허물을 뒤집어썼다
오늘 숲에서 그가 벗어둔 내 옷을 발견했다

커튼

나는 분명함과 분명함 사이에 있다 나는 모호한 뉘앙스를 풍겨주겠다 겹겹의 언변과 꽃무늬 프린트를 믿어봐 극적으로 네가 네, 라고 답할 순간을 낚아채야 해

그렇다고 나를 리본으로 대답의 양쪽 끝에 묶어두지는 말기를 너는 한 장의 그림을 평생 바라봐야 하거나 그 그림 속의 주인공이 될 테니

나는 밤과 밤 사이에 있다 나는 느닷없는 새벽의 는개를 본뜬 것이다 기다리면 사라지는 장애를 헤치고 는개 속으로 걸어가는 사람들 는개의 심장부가 너라는 걸 명심해야 해

는개가 길고 긴 자락을 끌고 있다 만 폭의 주름을 지니고 있다 커튼의 이쪽 또는 저쪽에서 분명하게 다른 밤을 기대하는 사람들을 위해 너는 꼼짝 마 귀를 기울여

나는 사라지고 나타나고 나타나고 사라진다 너는 나타나고 사라지고 사라지고 나타난다

커튼 뒤에는 커튼콜이 있다

태풍의 식탁

앞치마를 벗고 식탁을 차렸다 나무를 부수고 식탁을 차렸다 목수를 해고하고 식탁을 차렸다 베란다에 내놓은 화분을 들여놓으시오 그것은 채식주의자의 식탁 뜬구름들에게 발목을 부착하시오 그것은 이상주의자의 식탁 한눈에 후루룩 빨아들일 테니 강철못으로 단단히 고정하시오 그것은 관음증 환자의 식탁 식탁을 차리고 그를 기다렸다 그가 안 오기를 바라며 그를 기다렸다 그가 즐기는 요리를 쓰레기통에 비우고 그를 기다렸다 식탁이 없는 식탁을 차렸다 그를 맞으러 나는 식탁 위로 올라갔다

내 초록색 벨벳원피스를 입혀놓은 경주 오릉

다섯 개의 무덤들은 꽉 끼는 초록색 벨벳원피스를 입고 있다 두세 개는 보다 불룩하고 두세 개는 보다 덜 불룩하고 바닥에서 약간 위로 돌출되어 있는 무덤들을 한바퀴 도는 동안 벨벳원피스는 포즈를 바꾸어준다 무덤들을 한바퀴 도는 동안 훑어보는 역사는 천년 묻혀 있는 왕족을 애써 떠올리지만 나는 자꾸 내 몸을 무덤 위에 눕힌다 〈고분에 올라가지 마시오〉 무덤을 둘러친 철책이 말려올라가는 치맛단을 꽉 누르고 있다 보다 불룩한 왕, 보다 덜 불룩한 왕 안내판의 글자들은 무덤을 뒤덮은 잔디만큼 무의미해진다 천천히 무덤 주위를 돈다 아니 천천히 내 몸 주위를 돈다 내 몸에 무덤이 몇개 있다 두세 개는 보다 불룩하고 두세 개는 보다 덜 불룩한 무덤들이 어딘가로 흘러간다 자, 여기 손을 대봐 무덤이 흐르는 소리가 들리지 봉분들마다 손자국처럼 예초기가 지나간 흔적이 물결친다 바닥에서 약간 위로 돌출되어 있는 무덤들은 여기가 아닌 곳으로 흐르고 있다

오른쪽 문과 왼쪽 문

오른손으로 오른쪽 문을 여는 사람
왼손으로 왼쪽 문을 여는 사람

마주보고 있지만 거울처럼 멀다

언제 식사 같이 할래요?

오른편 코너를 돌아 부엌으로 가는 사람
왼편 코너를 돌아 부엌으로 가는 사람

폭식과 거식을 앓는 사람들만큼 멀어지는 대칭이다

그들은 다르다

노파가 꿰고 있는 한 접의 마늘만큼
방향이 극명하게 틀어져 있다

위로 아래로
오른쪽 문과 왼쪽 문이 첩첩 꿰어져 있다

오른쪽에서 벽을 기댄 사람
왼쪽에서 벽을 기댄 사람

폭식과 거식을 치유하는 방법만큼 가까워지는 대칭이다

글쎄 음식을 아가리에 죄다 처넣는다는군!

그들은 같다

열쇠

정원은 잠겨 있었다
정원은 열쇠를 잃어버렸다
나무와 풀 들이 제멋대로 무성해지고 있었다
삐걱거리는 문을 제치고 들어갔을 때
정원은 꽉 잠겨 있었다
바닥도 그랬고
허공도 그랬다
우리는 무책임한 정원사를 원망했다
우리는 도둑처럼 문을 따지 않고 작업을 했다
굴착기가 늙은 감나무를 뽑아내기 시작했다
꽉 잠긴 정원이 한동안 덜컹거렸다
바닥도 그랬고
허공도 그랬다
감나무가 옆으로 쓰러졌다
정원이 활짝 열렸다
너무 오래 꽂아놓은 열쇠가 뽑혔다

답례품

고마운 마음에 오렌지를 보냅니다 부디 잘 키워주십시오 머릿속은 오렌지로 꽉 찼습니다 머리를 까지 않는 한 표현에 서툴 거예요 상자 어디에도 오렌지는 흔적 없을 거예요 오렌지는 입을 다물 줄 알죠 오렌지를 드실 때는 한입에 베어드십시오 오렌지는 냉정하죠 오렌지는 계산적이죠 고마움도 조각조각 구분해서 보관하죠 그러니 될 수 있으면 질질질 국물을 흘려주십시오 그것만이 오렌지가 마음을 표현하는 방법입니다 입가에 옷깃에 질질질 오렌지는 마음을 흘리고 싶은 겁니다 아무리 계산적이라 해도 속셈은 없습니다 아무리 냉정하다 해도 무시하세요 오렌지일 뿐이지요 상자가 비워지고 있군요 오렌지를 잘 키울 준비가 되었군요 생각보다 오렌지는 표현이 서툴지요 생각보다 오렌지는 표현이 헤프지요 오렌지를 키우기 위해 다만 빈 상자가 필요했던 겁니다 눈치챘으면 오렌지 상자 속에 부디 저를 심어주십시오

도착하지 않은 계단

아버지가 밀랍사과로 계단을 쌓는다 계단이 사라진다 아버지가 밀랍토마토로 계단을 쌓는다 계단이 사라진다 아버지, 힘이 빠져요 더이상 견딜 수가 없어요 나는 허공에 매달려 울부짖는다 아버지가 밀랍오렌지로 계단을 쌓는다 나에게 도착하지 않을 계단 백년 동안 집으로 돌아가는 계단 아버지는 백년 동안 계단을 쌓는다 계단은 백년 동안 사라진다 아버지가 만든 계단은 너무 튼튼해요 너무 훌륭해요 참말 아버지가 만든 계단은 만들자마자 사라진다 만들자마자 날개 돋친 듯 팔린다 아버지 제발 제게 썩은 계단을 만들어주세요 육즙이 고이고 파리가 들끓는 계단을 만들어주세요 아버지가 오냐오냐 계단을 쌓는다 꾸벅꾸벅 조시며 계단을 쌓는다 밀랍초록 밀랍노랑으로 계단을 쌓는다 계단이 사라진다

나비

희극이다 비극이다
장미다 맨드라미다
그이다 그녀이다
기어간다 날아간다
문을 닫는다 문을 연다
외출이다 귀가이다
두 짝 여닫이문 사이에 낀 문설주는 그러나이다
또는이다 그런데이다
바닥까지 기어가본 나이다
나는 누구인가
변태이다 생태이다
나는 누구인가
두 짝 여닫이문이다 두 짝 여닫이창이다
문짝이 부서질 때까지 갈팡질팡한다
나는 누구인가
창문이 깨어질 때까지 여닫는다

제4부

달맞이꽃

나는 들고양이를 맞는다
나는 야간운전자를 맞는다
나는 불길한 구급차를 맞는다
나는 취객을 맞는다
나는 먹구름을 맞는다
나는 우산을 맞는다
나는 치마를 활짝 걷어올리고 검은 도둑을 맞는다
사정하는 새벽이슬을 맞는다
나는 햇살과 화살과 급살을 막는다
나는 도도한 행성의 정공법을 막는다
나는 벌어진 치마를 한 손에 비틀어 쥐고
벌건 대낮까지 쫓아온 달을 막는다

그러니 니가 달맞이할래?

오이디푸스나무의 신발

도끼를 들고 나무의 목을 친다 한 각에 있는 그가 쓰러지고 한 각에 있는 그녀가 쓰러지고 한 각에 있는 내가 쓰러진다 도끼는 나무의 구도를 뒤흔든다 나무는 구도를 바꾸지 않는다 도끼는 나무를 상처낸다 나무는 태도를 바꾸지 않는다 돋아나고 돋아난다 도끼는 종신형을 받은 나무의 목을 치고 또 친다 도끼는 나무에게 새 신발을 주지 않는다

가위

내가 내 머리털을 싹둑싹둑 자를 때
내가 내 치맛단을 싹둑싹둑 자를 때
나는 어긋나는 법이다

내가 색종이를 사악사악 자를 때
내가 색도화지를 사악사악 자를 때
나는 더욱 어긋나는 법이다

내가 가정적으로 구운 삼겹살을 자를 때
내가 낭만적으로 뜰에 핀 장미꽃을 자를 때
나는 절실히 어긋나는 법이다

나는 결코 나를 만지지 못했다
나는 결코 나를 느끼지 못했다

어긋난 흔적들이 너무 많다

나는 나를 만나기 위해 어긋났다
나는 나를 만나기 위해 어긋날 것이다

내가 내 증명사진을 오릴 때
가족사진에서 나를 오려낼 때

아무도 안 보는 저녁

평상을 차린다 아버지 옆에 엄마 엄마 옆에 나 내 옆에 커다란 국수다발 가족들은 얌전히 신발을 벗기우고 상 위에 차려져 있다 평상 위에 차려진 평평한 상차림 한 상에 다 올라간 평등한 상차림 아버지는 아무도 안 보는 저녁마다 평등한 상차림을 즐기신다 아버지가 그릇 속에서 뭉게뭉게 구름을 휘저어 국수를 뽑으신다 엄마가 그릇 속에서 뭉게뭉게 구름을 휘저어 머리카락을 뽑으신다 내가 그릇 속에서 뭉게뭉게 구름을 휘저어 흰 길을 뽑는다 후두둑 후두둑 그릇 속으로 떨어지는 구름들 평상 위로 세상의 구름들이 증가하고 있다 가족들은 아무도 안 보는 저녁에 구름으로 국수를 뽑는다 후루룩 마지막으로 빨려들어가는 국수가닥에는 짠 빗물 한방울 떨어진다 언제까지 이렇게 앉아 있어야 하나요 아버지 엄마는 이미 대머리가 되었어요 나는 세상의 길이란 길을 다 읽었어요 아버지는 보이지 않고 이만하면 됐어, 가득 쌓인 국수다발 위에 캄캄한 어둠 캄캄함 속으로 후루룩 엄마가 빨려들어간다 캄캄함 속으로 후루룩 내가 빨려들어간다

온실용 식물 I

나는 너무하다 온실 안에서 온실 밖에서 나는 너무하다 양지에서 음지에서 나는 너무하다 빨강에서 노랑에서 나는 너무하다 갈증에서 해소에서 나는 너무하다 부조화에서 조화에서 나는 너무하다 발육촉진에서 발육억제에서 목구멍에 쏟아지던 종합영양제의 한 가지 견해로 내 입맛은 천 가지 음식에 길들여진다 나는 너무하다 과실에서 부실에서 나는 너무하다 교배에서 교잡에서 천장에 켜지는 백 개의 백열등 나는 백 개의 아버지 때문에 무한 증식하는 가랑이 나는 너무하다 언어에서 침묵에서 나는 너무하다 실험에서 실습에서 나는 너무하다 과잉에서 결핍에서

둥근 발작

사과 묘목을 심기 전에
굵은 철사줄과 말뚝으로 분위기를 장악하십시오
흰 사과꽃이 흩날리는 자유와
억압의 이중구조 안에서 신경증적인 열매가 맺힐 것입니다
곁가지가 뻗으면 반드시 철사줄에 동여매세요
자기 성향이 굳어지기 전에 굴종을 주입하세요
무엇보다 가장 중요한 것은 성장억제입니다
원예가의 눈높이 이상은 금물입니다
나를 닮도록 강요하세요
나무에서 인간으로 퇴화시키세요
안된다, 안된다, 안된다 부정하세요
단단한 돌처럼 사과가 주렁주렁 열릴 것입니다
하지 마, 하지 마, 하지 마 억누르세요
뺨이 벌겋게 달아오를 것입니다
극심한 일교차가 당도를 결정한다면
극심한 감정교차는 빛깔을 결정합니다

폭염에는 모차르트를
우기에는 쇼스타코비치를 권합니다
한 가지 감상이 깊어지지 않도록 경계하세요
나른한 태양, 출중한 달빛, 잎을 들까부는 미풍
양질의 폭식은 품질을 저하시키는 원인입니다
위로 뻗을 때마다 쾅쾅 말뚝을 박으세요
열매가 풍성할수록 꽁꽁 철사줄에 동여매세요
자유와 억압의 이중구조 안에서 둥근 발작을 유도하세요

적면증

나는 사과가 싫어요 나는 빨간 사과가 싫어요 나는 사과예요 나는 수시로 빨간 사과예요 나는 너라는 한마디에 단풍들어요 나는 봄이라는 한마디에 단풍 들어요 나는 무척 많은 가을을 겪었어요 나는 성급해요 나는 줄곧 가을을 앓고 있어요 나는 나라고 말하자마자 익어요 나는 겨울이라고 말하자마자 익어요 나는 하루에도 수천번 가을을 수확했어요 나는 사과예요 나는 일년 내내 사과예요 나는 사과가 아니라고 말하자마자 사과예요 나는 사과가 싫어라고 말하자마자 사과예요 나는 사과가 아닌데 사과라서 무서워요 나는 사과나무에서 떨어진 게 아닌데 사과라서 무서워요 의사가 처방을 내렸어요 〈사과나무에 매달리시오〉 나는 사과나무에 매달렸어요 사과들이 주렁주렁 매달려 있어요 사과들은 사과에 대해 생각하지 않았어요 드디어 나는 사과에 대해 생각하지 않았어요

개화

하필 봄이니까 좋잖아, 저도 한번 피고 싶었던 게지 그녀를 기다리고 있는 산부인과 수술실이 식물원화초배양실 같다 몇십년을 어두운 뱃속에 갇혀 지냈으니 답답했던 게지 꽃술같이 아주 작은 거래 저도 종양이라고 겁주는 거래 부자연스럽게 벌어지는 수술대 위에서 그녀는 잠깐 봄꿈 꾼단다 그녀의 음습한 자궁이 만개할 거란다 햇빛은 몰라도 형광빛은 쪼일 거란다 번뜩거리는 눈빛 말 안해도 알겠다 그동안 맺어두었던 기억들 하나하나 열어보았겠지 어디서 무엇이 잘못되었나 다그쳐보았겠지 별일 아니야, 걱정 마 아직도 남 걱정하는 버릇 여전하구나 백년 만에 피는 꽃에 비하면 너 성질 급한 거 알지 나는 두 시간 만에 열고 닫힌다는 수술실 꽃을 초조하게 기다린다 이 봄에 가장 환한 꽃을 보듯이 사람들이 그녀에게로 몸을 기울이겠지

벌거벗은 점심

점심때가 되자
진담이 오갔다

그가 랩에 싸인 그를 풀었다
내가 밀폐용기에 담긴 나를 꺼냈다

그가 그를 맛보기도 하고
내가 그를 맛보기도 했다

그는 계란말이처럼 말려 있었지만
색깔이 뚜렷했다

나는 토마토처럼 입이 무거웠지만
한 입에 터졌다

차례차례
알몸들이 사라졌다

소풍을 갈 때마다
나는 사라졌다

소풍을 갈 때마다
그는 사라졌다

점심때가 지나자
우리는 나타났다

푸른 토마토

글쎄, 나의 출입구가 많은 이유는 폐쇄적이네 입구마다 딸깍, 열쇠를 조이고 나는 불안하네 출구마다 딸깍, 잠금쇠를 걸고 나는 잠 못 이루네 나는 열쇠가 많을수록 바깥에 갇히네 엄마의 걱정이 늘 때마다 문이 하나씩 늘어나네 얘야, 널 잘 단속하려면 문을 하나 더 내야겠구나 나는 귀를 틀어막듯이 새로 문을 잠그네

너는 나에게 개방성에 대해서 질문하지만 나는 폐쇄성에 대해서 입을 닫네 엄마는 문이 많아야 내가 새지 않는다 하네 엄마는 문이 많아야 제대로 거절한다네 나는 매일 아흔아홉번 열었고 백번째 닫으려 하네 엄마, 피는 어떻게 막나요? 청바지나 교실 의자 위에서도 멈추지 않잖아요?

나는 육박칠일 출입구를 열고 있지 나는 육박칠일 출입구를 닫고 있지 얘야, 이렇게 열쇠가 많은데 뭐가 걱정이니? 너는 육박칠일 신중하잖니? 나는 문이 너무 많을

뿐이네 나는 육박칠일 문을 열다가 구토를 하고 문을 열다가 설사를 하고 문을 열다가 기차를 놓치네 육박칠일 나를 기다려주는 건 내 열쇠에 호감을 가진 열쇠공이네

얘야, 너는 곧 익겠구나 멋지게 터지겠구나 문이 너무 많은 방에 책상을 놓아본 적 있네 침대를 놓을 데가 없네 아무도 오래 머물고 싶지 않네 느닷없이 토마토가 익어서 멘스가 터지는 날이 있네 내 몸에 주렁주렁 잠긴 문들이 덜컹거리네 내 몸에 주렁주렁 푸른 토마토가 덜컹거리네

오래된 형식들

금 간 그릇은 금을 모른다
이 나간 그릇은 이를 모른다
선반 위에 포개져 있는 그릇들
그릇을 담고 있을 때 완전해 보이는 그릇들
달그락달그락 어깨를 부딪히며 말을 배우는 그릇들
그릇에 담긴 나는 음식이다
담는 데 열중한 그릇들
그릇을 점검하러 산부인과에 간다
그릇은 그릇을 모르고
그릇은 그릇을 씻을 수 없고
그릇은 그릇을 못 수습하고
겨우 그릇의 어깨를 기웃거릴 줄 아는 그릇들
음식이
쏟아질까봐
엎어질까봐
악으로 악착같이 담고 있다

가을

아이들이 가을을 배우기도 전이었다 얘들아, 세상에서 가장 멋진 가을을 보여줄까 아이들은 여름도 충분히 멋지다고 말했다 엄마, 우리는 여름이 제일 좋아요 가을은 알고 싶지도 않아요 더 놀 거예요 얘들아, 너희야말로 진정한 여름이란다 이 여름은 너무 길어 이 여름은 너무 화려해 이 여름은 너무 놀기에 적합해 엄마는 긴긴 여름에 지쳐 있었다 엄마는 비용이 바닥나 있었다 엄마는 아이들을 꼬셔서 옥상으로 올라갔다 얘들아, 재미있는 가을놀이를 하자 이 건물이 나무라고 생각해 엄마와 아이들이 나뭇잎처럼 파들거리는 것을 어둠이 꼭꼭 숨겼다 그때 힘껏 엄마가 나무에서 아이들을 떨어뜨렸다 나폴나폴, 엄마 이런 기분 처음이야 그리고 끝이야 아이들이 익은 무화과처럼 터졌다 아이들의 말이 채 끝나기도 전에 신만이 아는 시각에 연이어 엄마가 훌륭한 열매처럼 떨어졌다 이런 기분 처음이군 끝이군 어둠이 너무 짙었으므로 잘 익어서 터진 열매들은 검붉었다

있지도 않은 복숭아 마멀레이드를 밀봉하는 오후

십육년 전에 복숭아밭을 떠났다
복숭아와 봉숭아를 구분한 지 겨우
십육년이 지났다
복숭아나무는 몽상하기 좋은 곳이었다
복숭아나무는 물크러지기 쉬운 곳이었다
미운 아이 떡 하나 더 주는 셈으로
아버지는 나를 따 팔아넘겼다
엉덩이가 너무 실룩거린다는 이유로
말도 없이 속이 꽉 찬 이유로
시도 때도 없이 양 볼이 발그레하다는 이유로
나는 떠나고 싶지 않았으나
밭 구석구석 달콤한 부패가 돌고 있었다
복숭아밭을 떠났다는 이유로
나는 복숭아조리법을 익혀야 했다
복숭아 잼, 복숭아 통조림, 있지도 않은 복숭아 마멀레이드
나는 나에게 맞는 조리법을 선택해야 했다

나는 나를 보다 오래 보관해야 했다

복숭아는 부패하기 위해 존재하는 과일이었다

미운 아이에게 던져진 떡은 부패를 지향했다

내 취향은 아니었다

시럽에 퐁당 담근 엉덩이 반쪽

벌꿀에 저며놓은 한쪽 마음

설탕물로 졸이고 졸인 발그레한 볼

나는 해마다 시럽을 첨가했다

나는 해마다 설탕이 모자랐다

나는 결코 복숭아를 떠날 수 없을 것이다

복숭아와 봉숭아를 구분한 것을 후회하는 지금도

나는 무려 십육년 전에 복숭아밭을 떠났다

나는 떠나고 싶지 않았으나

복숭아밭은 너무 빨리 달콤했다

오이디푸스나무의 뼈

가을에는 몸의 털이
단풍이 든 tree가
tree에 매달린 t가
tree에 매달린 r이
tree에 매달린 e가
tree에 매달린 e를 번복한 e가
뿔뿔이 흩어진다
tree는 뼈가 남는다
tree는 삼각형의 골조가 남는다
한 각에는 그의 뼈가 남고
한 각에는 그녀의 뼈가 남고
한 각에는 나의 뼈가 남는다
뼈의 항문과 뼈의 구강이 맞물려 있다
뼈의 항문이 뼈의 구강을 밀어올린다
뼈끼리 나누는 뼈 아픈 오럴섹스
X선을 찍은 듯 선명하게
근친상간이 드러난다

배추가 자라기 시작했다

배추가 자라기 시작했다 달팽이가 자라기 시작했다 태양이 자라기 시작했다 태양을 피해 달팽이가 배추잎 속으로 숨었다 태양을 키우기 위해 달팽이가 배추잎을 갉아먹었다 달팽이가 점점 커졌다 태양이 점점 커졌다 달팽이의 편견은 비대한 편이었다 태양은 손가락이 너무 물컹거렸으므로 달팽이를 집어낼 수 없었다 태양은 달팽이를 타고 너무 늦게 손가락의 감각을 익혀야만 했다 달팽이는 편견을 키우는 데 무리가 없었다 아무것도 듣지 않는 배추의 커다란 귀가 첩첩 쌓여갔다 귀들은 모두 구멍이 나 있었다 달팽이는 태양보다 느릿느릿 이동했기 때문에 태양의 내용을 이해했다 나는 달팽이보다 느릿느릿 이동했기 때문에 편견이 먹다 남긴 배추를 씹어야만 했다

토스터

기계에 빵을 넣는다
기계는 실내의 절정을 결정한다
기계는 실내의 황금기를 알고 있다

즐겁게
빵이 튀어오른다

수도꼭지가 절정에 오른다
식탁이 절정에 오른다
사과가 절정에 오른다

나는 벌써 언덕을 넘어선 느낌이다

사과가 썩어간다
식탁이 헝클어진다
수도꼭지가 낡아간다

오늘

이 계란은 오늘 낳은 것이다 오늘을 싣고 트럭은 어제도 왔고 그제도 왔다 내일도 모레도 트럭은 오늘을 싣고 올 것이다 신선한 오늘 아직 개봉되지 않은 오늘 냉장고에 보관한 서른 개의 오늘 어제 구이 해 먹은 오늘 그제 삶아 먹은 오늘 오늘은 오늘을 어떻게 요리하지 도르르 말아먹을까 찜 쪄 먹을까 오늘을 다 먹은 뒤에도 내일은 팔지 않는다 오늘을 다 먹은 뒤에도 내일은 살 수 없다 첫울음과 함께 태어난 오늘 부패한 뒤에도 서른 개의 오늘 부화한 뒤에도 서른 개의 오늘 깨뜨리면 쌍욕이 튀어나오는 오늘 일제히 구린내가 진동하는 오늘 뒷구멍으로 까놓은 오늘 내일이 궁금한 오늘 암탉의 배를 가르면 조롱조롱 열려 있다 핏덩어리 오늘

모종컵

밑 없는 컵
속 없는 컵
아무것도 담아둘 수 없는 컵
밑으로 통하고 위로 통하는 컵
마실 수 없는 컵
뒤엎을 수 없는 컵
확실하게 버려주는 컵
살자고 하면 파릇파릇 살려주는 컵
이제는 더이상 컵이 아닌 컵
컵이라는 이름을 뗄 수 없는 컵
흘러도 주워담을 수 없는 컵
넘쳐도 내다 버릴 생각 없는 컵
이따위 막은 찢어버려!
막을 찢고 말을 통한 컵
더이상 깨질까 염려 없는 컵
어깨를 비끌어 잡고 함부로 대하는 컵
마음먹으면 일년에 새끼 여럿 낳는 컵
아버지 당신께 꼭 맞는 컵

폐가

안채의 주인은 어둠이다 입구마다 봉인되었던 빛은 밀려나고 한때 문지방 너머로 쓸려나가던 어둠의 자물쇠가 비명을 지른 이후 집의 내력을 말하는 문짝이 떨어져나간 방문의 검은 입 어둠의 검은 혀가 끊임없이 널름거린다

희망을 끓여내던 밥상에 두꺼운 먼지가 차려지고 둘러앉은 어둠은 말한다 이제 우리가 갈 길은 폐허 쪽이다 꿈이 빠져나간 자리에는 절망이 빠르게 교체되고 희망을 떠받치던 대들보는 오랜 골다공증에 허리가 휜다 손가락만 움직여도 관절 구석구석 추억이 삐걱이는 저녁

폐허는 익는다 감나무 붉은 열매가 절망을 익힌다 추녀 아래 필라멘트가 끊긴 백열등으로 더이상 이승의 꿈은 송전되지 않고 세상의 빛으로부터 밀려난 어둠은 도처에 흘러넘친다 죽은 이들의 인광처럼 달개비 푸른 꽃 발광하는 몰락의 시간 으깨어지는 한쪽 어깨로 달빛도 무겁다

오이디푸스나무

한 각에 웃고 있는 그가 있고 한 각에 웃고 있는 그녀가 있고 한 각에 웃고 있는 내가 있는 나무의 각의 합과

한 각에 울고 있는 그가 있고 한각에 울고 있는 그녀가 있고 한 각에 울고 있는 내가 있는 나무의 각의 합은 같다

■

해설

오이디푸스를 위한 무덤

고봉준

점멸등을 켠 자동차들이 도로 위에 각인된 권력의 선을 따라 행진한다. 개성과 자유를 최고의 가치로 숭배하는 도시인들의 발걸음은 출입금지 팻말 앞에서 부드럽게 꺾이고, 내일의 일상을 위해 고단한 몸을 누이는 가정의 식탁 위에도 자본의 질서가 깊게 음각되어 있다. 세속 도시에서 일상을 영위하는 자들의 절대 다수는 경쟁과 성공이라는 상징계의 논리 속에서 하루치의 안락함을 구가한다. 근대적 권력은 복화술사가 되어 우리의 삶을 정해진 방향으로 몰아가며, 우리는 상식, 통념, 질서, 안정 등의 가치에 중독됨으로써 그것들을 쉽사리 '나'의 욕망으로 받아들인다. 억압의 사회적 기원이라고 말할 수 있는 이 척도는 이미-항상 우리의 삶을 권력의 질서에 맞추어 연출한다. 그리하여 차선과 차선 사이를 넘나들 때, 현세적 성공의 길에서 이탈할 때, 현대인들은 한없는 불안감을 느낀다.

조말선의 시는 질서의 권력과 탈주의 욕망 사이의 팽팽한 대립에서 출발한다. 그의 시에는 두 개의 기하학적 구도가 등장한다. 아버지의 이름을 상징하는 오이디푸스적 '가족 삼각형'과 분열의 각도를 상징하는 '사다리'가 그것들이다. 전자가 견고한 중력의 힘으로 모든 이탈의 가능성을 봉합하는 권력의 상징이라면, 후자는 낯선 궤도 속에서 새로운 자유와 생성의 가능성을 연출하는 클리나멘(clinamen, 직선으로부터의 편위 또는 중력법칙에서 벗어나는 일탈)을 상징한다. 억압의 사회적 성격으로부터 분열의 정치적 의미를 포착하는 조말선의 시는 궁극적으로 이 두 개의 기하학적 구도를 중심으로 회전한다. '삼각형'이 훈육-권력에 의해 길들여진 현세주의자의 길이라면, '사다리'는 한순간도 중력의 안정상태에 머물지 않으려는, 그러므로 불안과 분열을 고스란히 삶의 무게로 감당해야 하는 분열자의 길이다. 조말선의 시어가 보여주는 역설과 반어, 그리고 강박에 가까운 반복은 바로 분열의 언어적 표현이다. 그러나 그의 분열은 중력의 안정성을 욕망

하지 않는다는 점에서 사뭇 정치적이다. '분열'은 삼각형으로 상징되는 상징계의 권력과 맞서는 화자의 무기이다.

관계자들이 왔다 흰옷과 마스크를 쓰고 관계자들이 왔다 관계자외 출입금지구역으로 관계자들이 왔다 관계자외 출입금지구역으로부터 관계자들이 왔다 나는 나의 기념일에 온 관계자들을 둘러보았다 나는 고개를 움직이지 못하도록 제지당했다 나는 나의 부모형제들을 찾아보았다 나는 눈알을 굴리지 못하도록 제지당했다 마스크가 관계자들의 표정이었다 흰옷이 관계자들의 성명이었다 모든 기념일은 관계자들의 날이었다 막다른 길 끝에는 늘 관계자외 출입금지구역이 있었다 나는 늘 금지구역까지 도달했다 경고문에 굴복했다 철조망에 무력했다 당신은 당신의 관계자가 아니오, 흰옷과 마스크가 말했다 당신은 당신의 출입금지구역이오, 흰옷과 마스크가 또 말했다 나는 억울하다고 말했다 나는 나의 기념일에 최초로 관계하고 싶다고 말했다 딱하다는 듯 흰옷과 마스크들이 흰옷과 마스크를 던져주었다 나는 흰옷과 마스크를 착용했다 나는 나의 관계자가 되자마자 사라져버렸다

—「관계자들」 전문

'나의 기념일'에 '관계자들'이 찾아온다. 그들의 '흰옷'과 '마스크'는 권력의 표식이다. 그들의 권력은 '관계자외 출입금지'나, "나는 고개를 움직이지 못하도록 제지당했다" "당신은 당신의 관계자가 아니오"처럼 부정어를 통해 행사된다. 그들은 항상 '나'가 들어갈 수 없는 '관계자외 출입금지구역'에서 온다. 이 권력의 초월성으로 인해 '나'는 '나의 기념일'임에도 불구하고 정작 관계자에서 제외된다. 마스크와 흰옷, 그리고 표정과 성명으로 지시되는 권력의 억압적 성격은 결국 모든 기념일을 '관계자들의 날'로 바꿔버린다. 조말선의 시에 등장하는 '앞치마'(「앞치마를 두르고」)와 '정원사'(「오이디푸스나무를 위한 정원사」) 또한 화자를 '사육'(「벌써 몇백년째」)하는 사회적 억압의 수행자들이다. 시적 화자는 삶의 막다른 길에서 '관계자외 출입금지구역'과 맞닥뜨리지만, 세계의 주인도, '나의 기념일'의 주인도 되지 못하는 화자는 관계자가 아니라는 이유에서 '경고문'과 '철조망'에 무기력하다. 카프카의 『성』을 연상시키는 이 거대한 불안 앞에서 화자가 취할 수 있는 태도는 두 가지일 것이다. 하나는 목숨을 걸고 표지판의 금기를 위반하는 것이며, 다른 하나는 권력으로부터 부여된 금지와 금기를 내면화함으로써 스스로 권력의 일부가 되는 것이다. 화자는 후자의 길을 선택한다. 그러나 '흰옷'과 '마스크'라는 권력의 표식을 받아들이는 순간, 다시 말해 '나'가 '나의 관계자'가 되는 순간 '나'는 관계자라는 비인칭 속으로 휘발되고 만다.

나는 얼음의 집에서 태어났다 태어나자마자 흘러가는 나에게 함부로 흐르지 마!라고 경고하는 집이었다 흘러서 투명해지며 풍경을 담고 싶은 나에게 아무것도 담지 마!라고 경고하는 집이었다 멀어져서 어느 한적한 강가에서 낯선 두 손을 씻고 싶은 나에게 절대 씻지 마!라고 경고하는 집이었다 나는 쓸데없는 꿈이 많다고 걱정하는 집이었다 ......마!, ...마!, ...마! 하루 종일...... 마!가 비처럼 쏟아지는 집이었다 나는 ...... 마!를 비처럼 맞고 지냈다 마!는 비처럼 나를 흠뻑 적셨다 주룩주룩 쏟아지는 마!비 폭우처럼 쏟아붇는 마!비 때로 밤을 새우며 중얼거리는 마!비 종일 귓바퀴에서 맴도는 마!비에 나는 마비되었다 나는 얼음이 되었다 나는 드디어 내 속에 갇힌 걸 축복해주는 집이었다 나는 드디어 나말고는 아무것도 비추지 않게 된 걸 행운이라고 여겨주는 집이었다 나는 드디어 내가 흘러가는 집을 가두고 있는 사실에 모두 얼음이 돼버린 집이

었다 나는 마비된 채로 내가 녹는 꿈만 꾸게 된 집이었
다 나는 드디어 얼음의 집의 꿈과 내 꿈이 일치한다는
사실에 경악하였다

—「마비」 전문

'마+비=마비'의 애너그램(anagram)을 활용하고 있는 이 시는 집(가족)이 권력의 공간임을 폭로한다. '집'은 일상적인 안락의 공간이 아니라 '얼음의 집'이자 '경고하는 집'이기 때문이다. 조말선의 시에서 '집'은 권력의 축도이다. 그는 "세상을 이해하기 위해서는 집의 구조를 이해하는 게 빨랐죠"(「달팽이」)라고 말한다. 이 시에서 '얼음'은 물의 결정체가 아니라 '흐르지 마!' '담지 마!' '씻지 마!'처럼 부정적 금지어를 의미한다. '집'으로 상징되는 아버지의 이름은 화자에게 그 어떤 행동도 하지 않을 것을 명령한다. 아버지는 '집'은 '꿈'이라는 화자의 탈영토화 욕망을 끊임없이 재영토화함으로써 화자를 고립시킨다. 그리하여 마침내 화자가 "집의 꿈과 내 꿈이 일치한다는 사실"을 받아들일 때 권력의 억압은 작동을 멈출 것이다. "신호등 앞에서만 의견이 일치하는 사람들"(「망가진 침대」) 또한 얼마나 권력적인가. '나'의 관계자가 되자마자 '나'가 사라지듯이. 명령의 관점에서 보면 '금지'

와 '의무'는 동시적이다. 「적면증」의 화자는 '사과'가 아님에도 불구하고 끊임없이 '사과'일 것을 강요당함으로써 '사과'가 되고, '사과'가 됨으로써 더이상 '사과'에 대해 생각하지 않게 된다. "사과들은 사과에 대해 생각하지 않았어요 드디어 나는 사과에 대해 생각하지 않았어요".

조말선의 첫 시집 『매우 가벼운 담론』(문학세계사 2002)에는 "아버지가 모종컵에 나를 심"(「거울」)는 장면이 등장한다. 아버지-권력의 식목 행위는 "나는 수차례 나도 모르게 아버지가 되는 것이다 나는 수차례 나도 모르게 엄마가 되는 것이다"(「수프」), "아버지가 된 나를 나에게 비웠어요 꼭 맞아요 엄마가 된 나를 나에게 비웠어요 꼭 맞아요 내가 된 나를 나에게 비웠어요 꼭 맞아요"(「냉장고」), "나무의 한 각에 있는 그가 좀더 예민해지고/한 각에 있는 그녀가 좀더 예민해지고/한 각에 있는 내가 좀더 예민해진다"(「오이디푸스나무와 죽은 고양이」)처럼 동일화의 권력을 의미한다. 그러므로 아버지-권력을 내면화하는 순간 아버지—엄마—나 사이의 구분은 무의미해지며, 마찬가지로 권력과 '나'의 경계 또한 사라지게 된다. 조말선의 시에 짙게 깔려 있는 소통불가능성은 이처럼 권력의 일부가 됨으로써 '나'의 개체성이 상실된다는 인식에서 비롯된다. 그러나 사라지는 것은 '나'의 개체성만이 아니다. 조말선의 시에서는 엄마 또한 아버지 권력의 대행자에 불과하다. 가령 「푸른 토마토」에서 엄마는 '문'과 '열쇠'를 통해 화자의 '개방성'을 폐쇄성으로 바꿔놓고, 「가을」에서 엄마는 가을을 알고 싶어하지 않는 아이들에게 가을을 강요한다. 권력에 대한 인식론으로 인해 조말선의 시는 생태학적 상상력과 여성성을 연계시키는 통상적 여성시의 범주에 포함되지 않는다. 뿐만 아니라 그의 시는 근대적 권력의 일반적 특징에 주목함으로써 가부장적 질서에 대한 비판에서 출발하는 여성시의 계보와도 일정한 거리를 유지한다. 「오이디푸스나무」는 권력의 기하학적 구도인 삼각형이 무수히 많을 때조차 사실은 하나일 뿐임을 보여준다.

근대적 권력은 지배자 없는 지배이며, 생성과 차이를 질식시키는 동일성의 폭력이다. 그것은 "신체의 활동에 대한 면밀한 통제를 가능하게 하고, 체력의 지속적인 복종을 확보하며, 체력에 순종-효용의 관계를 강제"(푸꼬)함으로써 순종하는 신체를 생산하는 훈육(discipline)으로 작동한다. 그것은 모든 기하학적 도형들을 단 하나의 삼각형으로 환원시킴으로써 어떠한 이질성도 용납하지 않는다. 조말선의 시에서 '신체'가 중요하게 다뤄지는 것은 그곳이 바로 훈육 권력이 작동하는 곳이기 때문이다.

첫 시집 『매우 가벼운 담론』에는 다음과 같은 시가 실려 있다. "오전 여덟시에 나는 길이었고, 집으로 가는 중이었고, 아우성이었고, 법이었고, 꽃이었고, // 정오 열두시에 나는 사막이었고, 상영 금지된 영화였고, 부러진 꽃이었고, 겨울이었고, 실연이었고, 그래도 법이었고, 집으로 가는 중이었고, 길이었고,"(「가변차선」) '가변차선'이라는 제목이 암시하듯이, 조말선의 시에서 분열과 탈주 욕망은 무한한 생성과 변이의 점들을 통과한다. 무수한 접속어미와 쉼표의 연쇄로 이루어진 이 탈주의 선은 분열의 선으로 형상화되지만, 그것은 척도의 권력 바깥에서 새로운 삶을 사유한다는 점에서 생성의 선이다.

생성은 이미-항상 동일성의 권력을 앞질러 존재한다. 동일성의 권력은 동일화의 권력이라는 점에서 항상 화자의 분열 다음에 온다. 생성과 분열의 선차성에 주목한다는 점에서 조말선의 시는 프로이트적 정신분석학과 구별된다. 그리하여 권력이 있는 곳에 저항이 있다는 통념은 이제 생성/분열이 있는 곳에서 동일화의 권력이 작동한다는 새로운 테제로 바뀐다. 동일성과 차이, 재영토화와 탈주 욕망 사이의 대립은 시집 전체에서 '고정적인 시선' 대 '분산적인 시선'(「분산적인 시선을 보는 고정적인 시선」)으로, '흐르는 것' 대 '마비'(「마비」)로 변주된다. 그러므로 한편에는 분산·흐름·모호성으로 상징되는 생성의 운동이 있고, 다른 한편에는 질서·법·척도로 상징되는 동일성의 권력이 있다. 「풀밭」에서의 '조밀'은 바로 '고정적인 시선', 그것을 의미한다. "너는/웃음과 눈물과 비웃음과 딸국질을 표현하는 방식이/동일했다//한 가지 속옷과 한 가지 겉옷으로 몇년을 버텼다"(「풀밭」)에서 '너'로 지칭되는 동일성의 권력은 "들뢰즈와 바슐라르와 아버지를 읽는 방식"이 동일하다. 그래서 화자는 "벨벳자켓을 너무 오래 입"고 있는 동일성의 권력에게 "애인이 지겹지도 않대?"라는 조소 섞인 질문을 던진다. 이 오래된 패션은 「무덤들」에서 "쓰자마자 내가 잠기는 모자"가 되어 나타난다. "이십년 동안 고루한 취향에 빠진 나 이십년 동안 한 가지 생각에 집중한 나 지긋지긋한 모자!" 쓰기 전에는 일련번호가 달랐던 모자는 쓰는 순간 모두 똑같은 모자로 바뀐다. 이 모자의 마술은 「오이디푸스나무를 위한 정원사」에서의 정원사의 마법과 동일하다. 우산도, 모자도, 신발도, 그의 손에 닿는 순간 모두 삼각형이 된다.

앙또냉 아르또(Antonin Artaud)는 "부패한 사회는 정신병리학을 고안하여 자신에게 거추장스러운 선견지명을 지닌 월등하게 총명한 몇몇 사람의 탐구로부터 스스로를 방어한다"고 비판했는데, 시인 또한 정신분석학을 동일성의 논리로 간주한다는 점에서 아르또와 시선을 공유하고 있다. 「둥근 발작」에 등장하는 "곁가지가 뻗으면 반드시 철사줄에 동여매세요/자기 성향이 굳어지기 전에 굴종을 주입하세요/무엇보다 가장 중요한 것은 성장억제입니다"라는 구절은 산업사회에서 자연에 강요되는 동일성의 폭력을 가장 극명하게 보여준다.

아버지를 기다려요 아버지를 거절해요 아버지를 놓칠까봐 아버지를 따라가요 아버지의 따귀를 찰싹 갈겼어요 아버지의 등짝을 힘껏 떠밀었어요 정말 즐겁게 버림받네요 뿌리박힌 회전의자를 뱅뱅 돌리는 아버지 전속력으로 즐거운 아버지 전속력으로 만족한 아버지 아버지가 만든 법 아버지가 깰 순 없잖아요 나는 아버지의 법 안에서 안간힘을 쓴다 아버지를 허락하는 것은 아버지를 어기는 것 아버지를 버리는 것은 아버지를 지키는 것 아버지를 기다려요 아버지를 거절해요 아버지의 등짝을 더욱 퍽퍽 후려칠까요 나는 아버지를 즐기는 아버지를 즐기는 중이에요 아버지를 껴안으며 돌려세우는 거절의 고성방가 아버지로 인해 누리는 폭력의 정당방위 나는 즐겁게 당한다 저쪽에서 뛰어온 내가 버린 아버지를 이쪽에서 뛰어간 내가 버린다 헉헉거리며 나

는 당한다

―「테니스」 전문

그러나 부정과 저항은 삼각형의 권력을 해체하는 과정이 아니다. 동일성의 권력과 차이의 긴장관계를 '테니스'에 비유하고 있는 이 시에서 아버지의 따귀를 때리고 등짝을 떠미는 행위는 권력을 해체하는 것이 아니라 대체하는 개량적 행위에 불과하다. 하나의 권력을 다른 권력으로 대체하는 것, 그리하여 권좌의 주인을 갈아치우는 것은 권력의 이동이지 권력의 해체가 아니다. 이는 척도의 권력에 대한 투쟁이 기존의 척도에 대한 부정과 저항으로는 완결될 수 없음을 의미한다. 단일한 척도 자체가 곧 권력이기에, 척도에 대한 투쟁은 척도의 단일성을 해체하는 차이의 정치학에서 찾아야 한다. 아버지에 대한 부정과 저항은 마조히즘적 속성을 지닌 아버지, 즉 권력의 욕망이지 분열자의 욕망은 아니다. 권력 없는 세상은 결코 정당한 권력으로 부정한 권력을 제압함으로써 도래하지 않는다. 시인은 화자의 '적의'(「자라는 오이디푸스나무」)를 즐기는 아버지-권력의 모습에서 척도적 권력의 속성을 발견한다.

아버지를 부정하는 행위가 궁극적으로 아버지의 법 안

(척도의 내부)에서 안간힘을 쓰는 것에 불과하다는 사실을 깨달은 화자는 척도의 권력에서 벗어나기 위해 새로운 전략을 등장시킨다. "아버지를 허락하는 것은 아버지를 어기는 것"이며 "아버지를 버리는 것은 아버지를 지키는 것"이라는 역설(paradox)이 바로 그것. 이제 화자는 기다림으로써 거절하고 따라감으로써 놓치는 역설의 전략으로, "아버지를 즐기는 아버지를 즐기는" 방식으로, 아버지와의 일전(一戰)을 시작한다. 오서독스(orthodox)라는 척도의 권력을 무력화시키는 패러독스(paradox)의 힘. 하여, 「태풍의 식탁」에서 화자는 "그를 맞으러 나는 식탁 위로 올라갔다"라고 말하며, 「답례품」에서 화자는 억압에 대한 감사의 표시로 '오렌지'를 선물한다.

삼각형의 권력을 무화시키기 위해 시인은 분열자-되기를 선택한다. 여기에서 분열은 질병이 아니라 상징계의 권력이 동일화할 수 없는 어떤 상태가 되는 것이다. 주체성의 관점에서 보면, 조말선의 시는 정체성을 구성하는데 노력하지 않고 그것을 해체시키는 데 집중한다. 희미한 주체, 그것은 「커튼」에서 "분명함과 분명함 사이"의 모호함으로 표현된다. "나는 사라지고 나타나고 나타나고 사라진다". 권력의 표지인 '나'를 사라지게 만듦으로써 비로소 '나'가 나타날 수 있는 지독한 역설. 동일성의 권력이 차이의 이질성을 삼각형으로 환원하는 것이라면, 그것으로부터의 이탈은 환원불가능한 분열적 생성을 극대화하는 것일 수밖에 없다. 「나비」에 등장하는 '그러나'와 '또는'과 '그런데' 같은 '변태'적 종합들, 「번복하는 오이디푸스나무」에서의 수많은 나를 '번복'하는 수많은 나들, 「분산적인 시선을 보는 고정적인 시선」에서의 '분산적인 시선', 그리고 「의자의 얼굴」에서 "백 개의 나로 분열"하는 나 등은 모두 동일성의 권력에 무화시키는 이질성을 상징한다. 조말선의 시에서 주체는 이미-항상 분열되어 있으며, 그러므로 그것은 언제나 분열을 향해 잠행하는 희미한 그림자로서만 지각된다.

그날 아침, 무성한 아버지의 아를 떼어내 심었다 가랑이가 찢어진 겨드랑이가 찢겨진 그날 아침, 단호한 아버지의 버를 떼어내 심었다 심장이 쪼개진 간격이 벌어진 그날 아침, 새 아버지를 경작하였다 새 침대를 마련하였다 새 관습을 주입하였다 찢어진 아버지 벌어진 아버지 불구의 아버지가 태어나리라 불구의 아버지께 사식을 대접하리라 그날 아침, 아버지는 불구가 되었다 그날 아침, 아버지는 주저앉았다 야금야금 물을 주리라 간혹 식사시간을 잊으리라 회복이 빠른 아버지 낑낑대며 번식에 집착한 아버지 어느날 아침 침대마다 무성할 아버지 똑같은 관습을 발육할 아버지 아버지의 아버지는 아버지가 아니에요 뿌리 없는 아버지 내가 경작한 아버지

—「이식」 전문

마침내 아버지-권력과 화자의 서열이 전도되었다. 화자는 아버지를 해체하여 새롭게 경작한다. 화자의 이식은 새로운 '침대'와 '관습'을 주입하는 것으로 시작된다. 표준과 질서가 아닌, "과잉과 결핍"(「온실용 식물 I」)으로 행해지는 경작은 '불구의 아버지'를 탄생시킨다. 화자는 불구의 아버지에게 물을 주고 식사를 제공한다. 그러나 이것은 오이디푸스의 죽음이 아니다. 삼각형의 종말도 아니다. 「이식」은 권력에 대한 승리의 축가가 아니라, 권력과의 투쟁이 영구혁명일 수밖에 없음을 환기한다. 하여, 여기에는 승리에 대한 어떠한 도취감도 없다. '도끼'로 목을 쳐도 "나무는 구도를 바꾸지 않"(「오이디푸스나무의 신발」)듯이, 불구의 아버지는 똑같은 관습으로 발육하여 마침내 동일성의 권력으로 부활할 것이다. 권력이 물리적 폭력에 의지하는 억압적 정치권력이 아니라 척도의 권력인 한, 그것은 질서와 표준, 습속과 척도가 작동하는

곳이라면 어디서나 다시 태어나기 마련이다. 그렇기 때문에 새롭게 발육한 아버지의 기원이 낡은 아버지가 아니라 '나'라는 사실은 표면적 낙관성보다 훨씬 비장한 정서를 함축하고 있다.

모든 동일성의 권력은 표준화되고 척도화된 일상에서 기원한다. 뒤집어 말하면, 모든 탈영토화는 절대적 탈영토화로 나아가지 않는 한 척도의 권력에서 벗어날 수 없다. 일상의 안락함에 안주할 때, 표준화된 습속과 척도적 삶에 집착할 때, 모든 '나'는 이미-항상 권력의 기원이 된다. 이런 점에서 '반복'과 '번복'(「번복하는 오이디푸스나무」)의 대립은 매우 정치적이다. 여기에서 조말선의 시는 윤리적 주체로서의 '나'에 관한 질문으로 이어진다. 매순간 '번복'으로서의 삶을 구성하기, 그리하여 지각불가능한 것 되기. 시인에게 삶은, 척도의 권력을 제공하는 익숙함을 안주할 것인가, 아니면 전혀 새로운 삶을 구성함으로써 세계와의 불화를 지속할 것인가라는 문제로 압축된다. 이 낯선 질문은, 감히 말하자면, 우리의 현대시가 일찍이 경험하지 못했던 새로운 질문이다.

高奉準 | 문학평론가

■

시인의 말

언젠가 아버지를 얘기하고 싶었다.

아버지는 말이 없고, 농부였고, 권력이 없고, 명예도 없고, 나를 무릎아래 앉힌 적도 없고, 무릎아래 앉히고 말씀을 하신 적도 없고……

나는 거역할 아버지가 없고, 반항할 아버지가 없고, 퍽퍽 두드릴 아버지가 없고……

있는 듯 없고, 없는 듯 있고, 새벽에 밭에 나갔나 싶으면 금세 헛간에서 나오시고, 새참을 드시나 싶으면 금세 전용 자전거가 안 보이고……

물 같은 아버지, 바람 같은 아버지, 비 같은 아버지……

시긋지긋한 배추들, 토마토들, 무들은 금세 뽑았나 싶으면 돋아나고……

나는 아버지를 곁눈질한 솜씨로 도깨비방망이 하나를 속에다 심었다.

나는 아버지를 곁눈질한 솜씨로 가시가 뾰족한 도깨비

방망이 하나를 무럭무럭 키웠다.

도깨비방망이가 둔갑한 이 시집을 아버지께 바친다.

2006년 9월

조말선